特長と使い方

所要時間・演者人数がすぐわかる

Chapter ❶ すぐできシアター

ペープサート、パネルシアター、
ペンダントシアター、
絵巻物シアターなど
計10本のお話を紹介〜

P.8 「うたって入園おめでとう」

Chapter ❷ 職員劇・マジック

職員劇のシナリオを2本、マジックを9種類。
子どもたちといっしょに楽しめる出し物です。

P.48 「おおきなかぶ」

Chapter ❸ ちょこっと遊び

手あそび、ゲーム、クイズなど
幕間で使えるちょこっとした
楽しい遊びを紹介します。

P.76 「すきですかきらいですか」

お誕生会・クリスマス会・発表会・その他…

いろいろな場面での
すてきな「出し物」をプロデュース!!

1

CONTENTS

Chapter ❶ すぐできシアター

集会の出し物、シアター。
かんたん、すぐできるいろいろな
シアターをたくさん紹介。

ペープサート

パネルシアター

Chapter ❷ 　**職員劇・マジック**　職員劇や子どもたちが
大好きなマジック。
メインでも幕間でも。

Chapter ❸ ちょこっと遊び ◀ 出し物と出し物の間の少しの時間に、子どもたちの集中がとぎれたとき…。いろんな場面で使えるちょこっと遊びを紹介。

4

CONTENTS

集会

成功のコツ①

司会者編

**明るい笑顔で
さわやかに進めましょう**

司会を担当するときには、いつもよりも明るい笑顔を心がけてみましょう。司会者がにこやかに落ち着いて語りかけてくれると安心して参加できます。

そして「張り切りすぎず」「影が薄すぎず」です。司会者だけ浮いて目的がかすんだ会になってしまったり、まとまりのつかない会になってしまったりするからです。

**中央に立って
両手をあけましょう**

司会者の立ち位置のセオリーは下手ですが、入園式や卒園式などの改まったとき以外の、お誕生会やお楽しみ会などでは、中央に立つことをおすすめします。そして、ピンマイクやワイヤレスマイクをつけて、両手をあけることです。

ゲームや手遊びをリードするとき、自由に動けて両手が使えると、とても便利です。

Chapter ❶

すぐできシアター

集会の出し物、シアター。
かんたん、すぐできるいろいろなシアターを
たくさん紹介します。

うたって入園おめでとう

子どもたちの知っている歌を、楽しくうたいましょう。不安そうな子もニコニコ笑顔に…。

用意するもの	絵人形：赤いチューリップ（裏 ゾウ）・白いチューリップ（裏 イヌとネコ） 黄色いチューリップ（裏 サル）

☐ 薄手の画用紙 　　　☐ ポスターカラーなど着色できるもの 　　　☐ 油性フェルトペン
☐ ハサミ 　　　☐ ペープサート用竹串か、先を平に削った割りばし
☐ 両面テープ 　　　☐ スティックのり

※型紙はP.92-93

作り方

❶ 型紙を拡大コピーしてポスターカラーなどで着色し、
　油性フェルトペンで縁取りする。

❷ 竹串を両面テープで留め、
　スティックのりで
　表と裏をはり合わせて、
　余白をハサミで
　切り落とす。

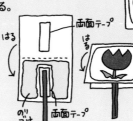

▼ 進め方

1
○3人の保育者が、チューリップ（表）
　の絵人形を胸の前で持って、
　赤・白・黄色の順に並ぶ

[保育者A・B・C]「みなさん、こんにちは」

○子どもたちのあいさつを受けて

[保育者A・B・C]「ご入園、
　　　おめでとうございます」

みなさん
こんにちは

♪ さいた さいた 🎵

| 保育者A | 「先生たち、チューリップを持っています。赤・白・黄色のチューリップ。かわいいでしょう」 |

| 保育者B | 「チューリップのお花が好きな人」 |

○子どもたちの反応を受けて

| 保育者B | 「たくさんいますね」 |

2

| 保育者C | 「みんなで『チューリップ』(作詞／近藤宮子　作曲／井上武士)のお歌をうたいましょう。さん、はい！」 |

| 保育者A・B・C | ○絵人形をゆっくり左右に揺らしながら ♪さいた　さいた　チューリップの　はなが ならんだ　ならんだ あか　しろ　きいろ |

しろ

○歌詞に合わせて、
赤・白・黄色と
顔の横まで上げて下げる

○左右に揺らす
どの　はな　みても
きれいだな

3

| 保育者A | 「わー、『チューリップ』のお歌、とってもじょうずです。ほら、赤いチューリップさんも大喜び」 |

○赤いチューリップを左右に揺らして、反転させてゾウを出す

● POINT ●

反転させるときには、親指とひとさし指でタイミングよく回転させます。

9

保育者A　「まあ、こんどはゾウさん！　ぼくの
　　　　　お歌もうたってほしいな、ですって」

○挙手を求めながら

保育者A　「『ぞうさん』のお歌を
　　　　　うたってくれるお友達？」

○子どもたちの反応を確かめて

保育者A　「わー、たくさんのお友達が
　　　　　歌ってくれます。それでは、さん、はい！」

○軽く揺らしたり、指をさしたりしながら「ぞうさん」を歌う

ぞうさんのお歌
うたってくれる
お友達？

4

保育者B　「わー、『ぞうさん』のお歌も、とってもじょうずです。
　　　　　ほら、白いチューリップさんも大喜び」

○白いチューリップを左右に揺らして、反転させイヌとネコを出す

保育者B　「あら、イヌのおまわりさんとネコちゃん。やっぱり
　　　　　お歌をうたってほしいと言っていますよ」

○挙手を求めながら

にゃん にゃん
にゃ にゃーん…

保育者B　「『いぬのおまわりさん』のお歌を
　　　　　うたってくれるお友達？」

○子どもたちの反応を確かめて

保育者B　「わー、お友達みんなが歌って
　　　　　くれます。それでは、さん、はい！」

○指をさしたり泣いたり困った動作を入れたりしながら
　『いぬのおまわりさん』を歌う

5

保育者C　「わー、『いぬのおまわりさん』のお歌、
　　　　　元気にうたえました。
　　　　　ほら、黄色のチューリップさんも大喜び」

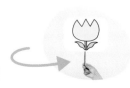

○黄色のチューリップを左右に揺らして、
反転させてサルを出す。挙手を求めながら

| 保育者C | 「『アイアイ』のお歌を
うたってくれるお友達？」 |

○子どもたちの反応を確かめて

| 保育者C | 「わー、みんなの手が挙がりました。
うれしいな。それでは、さん、はい！」 |

○アクセントをつけたり指さしたりしながら
『アイアイ』を歌う

6

| 保育者A | 「いろんなお歌がうたえて楽しかったね」 |

○ゾウ・イヌとネコ・サルを順に反転させて、赤・白・黄色のチューリップを出す

保育者A	「あれ！」
保育者B	「あれ！」
保育者C	「あれ！」

| 保育者A | 「チューリップさんたち、もう一度お友達に歌ってほしいそうですよ。
みんなで、もう一度歌いましょう」 |

○ ❷と同様に
『チューリップ』の歌をうたう

| 保育者A | 「また遊ぼうね」 |

● POINT ●

・子どもたちの反応に合わせて、
柔軟に対応しましょう。
・チューリップは、息を合わせて動
かしましょう。

11

所要時間 **5分** 演者 **1人**

おたんじょうび おめでとう

楽しいクイズ遊びのペープサート。プレゼントにふさわしい動物さんはだれかな?

用意するもの　絵人形：チーズ(裏 ネズミ)・ニンジン(裏 ウサギ)・アゲ(裏 キツネ)
バナナ(裏 ゴリラ)・リンゴ(裏 ゾウ)

※型紙はP.94

作り方はP.8を見てください。

▼ 進め方

動物さんを当ててね

1　**保育者**　「これから、お誕生日の動物さんに
いいものプレゼント。
その動物さんはだれなのか、
当ててくださいね」

○チーズ(裏 ネズミ)を出し、軽く揺らしながら

♪おたんじょうび　おめでとう
おいわいに　あげましょう

○チーズを指さしながら

♪ほらね　おいしい　チーズです
でも　いったい　あなたは
だーれ

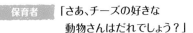

保育者	「さあ、チーズの好きな 動物さんはだれでしょう？」

子どもたち	「ネズミ！」

保育者	「ネズミさんという声が聞こえました。 さあ、どうでしょう。いち、にの、さん！」

○掛け声に合わせて反転させる

保育者	「大当たり！　ネズミさんでした。 ネズミさん、チーズが 大好きだから大喜び」

● POINT ●

反転させるときには、親指とひとさし指でタイミングよく回転させます。

2

保育者	「こんどは、これが好きな お友達です」

○ニンジン（裏 ウサギ）を出し、
軽く揺らしながら

♪おたんじょうび　おめでとう
　おいわいに　あげましょう

13

○ニンジンを指さしながら

♪ほらね　おいしい　にんじんです
　でも　いったい　あなたは　だーれ

| 保育者 | 「さあ、ニンジンの好きな動物さんは
だれでしょう？」 |

| 子どもたち | 「ウサギ！」　「ウマ！」 |

| 保育者 | 「ウサギさん、ウマさんと両方聞こえましたよ。
どちらでしょう。　いち、にの、さん！」 |

○掛け声に合わせて反転させる

| 保育者 | 「ウサギさんでした！　ウサギさん、ニンジンが
大好きだから大喜び。
ウマさんもニンジンが
大好きなんだけど、惜しかったね」 |

3　○以下同様に行なう

　ア　ゲ　→　キツネ
　バナナ　→　ゴリラ
　リンゴ　→　ゾ　ウ

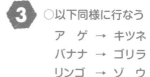

14

おしまい！！

4

保育者

「たくさん当ててもらいました。
では、これで
『おたんじょうびおめでとう』の
ペープサートは
お・し・ま・い！」

アレンジ!!

表に冠、裏に冠をかぶった男の子と女の子の絵人形を作って
♪（略）ほらね　すてきな　かんむりです　でも　いったい　あなたは　だーれ
と歌って、誕生児の入場の導入に使うこともできます。

おたんじょうび だーれ　作詞・作曲／阿部 恵

所要時間 **1～2**分 演者 **1**人

しゅうくんとかいちゃんの
おつぎはなあに？

しゅうくんと
かいちゃんが
進行役に。
司会を助けて
くれます。

用意するもの しゅうくんとかいちゃんの絵人形

※型紙はP.95

作り方はP.8を見てください。

▼ 進め方

1

○右手にしゅうくん、
　左手にかいちゃんを持ち
　体の後ろから出しながら

[保育者]

「みなさん、今日はしゅうくんと
　かいちゃんという二人のお友達が
　先生のお手伝いに来てくれましたよ」

[しゅうくん]「みなさん、こんにちは」

○子どもたちのあいさつを受けて

[しゅうくん]「ぼくの名前は『しゅう』です。
　　　　　　『しゅうくーん』と、
　　　　　　呼んでくれるとうれしいな」

○子どもたちの反応を受けて

[しゅうくん]「どうもありがとう」

『しゅうくん』と呼んでね

わたしは『かい』です

| かいちゃん | 「みなさん、こんにちは」 |

○子どもたちのあいさつを受けて

| かいちゃん | 「わたしの名前は『かい』です。
わたしも『かいちゃーん』と、
呼んでくれるとうれしいな」 |

○子どもたちの反応を受けて

| かいちゃん | 「どうもありがとう」 |

ねえ、
かいちゃん！

❷

| しゅうくん | 「ねえ、かいちゃん。今日は、
○月生まれのお友達を
お祝いするお誕生会だって」 |

| かいちゃん | 「わたしたちも心を込めて
お祝いしましょう。しゅうくん、
どんなお友達がいるのか
早く知りたいね」 |

○月生まれのお友達の
入場でーす

保育者

「しゅうくん、かいちゃん、それでは
出てきてもらいましょう。
○月生まれのお友達の入場です。
皆さんは音楽に合わせて、
手拍子で迎えてください」

○誕生児を迎える

17

▼ プログラム紹介

1

○しゅうくん・かいちゃん、同様に2体持って

楽しいことって
なあに？

かいちゃん　「みんな、お祝いしてもらって
　　　　　　うれしそうだったね。でも、
　　　　　　お誕生会はこれでおしまい？」

しゅうくん　「かいちゃん、これから
　　　　　　楽しいことがあるんだって」

かいちゃん　「楽しいことって、なあに？」

しゅうくん　「それは、先生たちの劇で『大きなかぶ』」

かいちゃん　「わあ、早く見たい、見たい！
　　　　　　しゅうくん、早く始めて
　　　　　　もらいましょう」

しゅうくん　「そうだね、早く見たいね。
　　　　　　それなら、みんなで
　　　　　　『もう、いいかい？』って
　　　　　　聞いてみよう」

みんなで
『もう いいかい？』って
聞いて みよう

もう、いいかい?

②

○しゅうくんとかいちゃん、同じ方向を向けて、
いっしょに声を掛けるように

しゅうくん 「さん、はい!」

みんなで 「もう、いいかい?」

出演保育者 「もう、いいよ!」

しゅうくん 「もういいって。それでは先生たちの…」

かいちゃん 「『大きなかぶ』はじまりです。

拍手!」

● POINT ●
話すほうの絵人形だけ動かして、聞くほう
の絵人形は動かさないことが原則です。

はじまり はじまり…

拍手!

巻き込みペープサート

所要時間 **3**分　演者 **1**人

大きな 大きなクリスマスツリー

リズミカルに話しましょう。大きな大きなクリスマスツリーに大歓声が。

用意するもの

クマくん・タヌキちゃん・キツネくん・ウサギちゃん・イヌくん・リスちゃん・ネズミくん(裏 クリスマスツリー)の絵人形

□色鉛筆など着色できるもの
□スティックのり
□割りばしまたはペープサート用竹串
□ハサミ　※型紙はP.96

作り方

❶ 型紙を拡大コピーして色鉛筆などで着色し、表と裏をはり合わせる。

❷ 割りばしを両面テープで留め、図のように順に巻き込んでできあがり。
※保育室で演じる場合はA3サイズで作って演じます。

▼ 進め方

1　○巻き込んだクマくんの
　　　場面を見せて

クマくん　「さあ、行こう!」

保育者

「クマくんうれしそうに雪の道を
『キュッキュ、キュッキュ』と歩きます」

さあ、行こう!

キュッキュ
キュッキュ

2

タヌキちゃん　「クマくん、待ってー!」

○巻き込んだ場面をひとつ開いて、
　　タヌキちゃんを見せて

保育者

「クマくんの後にやってきたのは、
　タヌキちゃん。いっしょに雪の道を
『キュッキュ、キュッキュ』と歩きます」

クマくん、
待ってー!!

キュッキュ
キュッキュ

3 キツネくん

「クマくん、タヌキちゃん、
待ってー！」

○巻き込んだ場面をもうひとつ
開いて、キツネくんを見せて

保育者

「クマくんとタヌキちゃんの後にやってきたのは、
キツネくん。いっしょに雪の道を『キュッキュ、キュッキュ』と歩きます」

4 ウサギちゃん 「クマくん、タヌキちゃん、
キツネくん、待ってー！」

○巻き込んだ場面をもうひとつ開いて、
ウサギちゃんを見せて

保育者

「クマくんとタヌキちゃんと
キツネくんの後にやってきたのは、
ウサギちゃん。いっしょに雪の道を
『キュッキュ、キュッキュ』と歩きます」

5 イヌくん

「クマくん、タヌキちゃん、キツネくん、
ウサギちゃん待ってー！」

○巻き込んだ場面をもうひとつ
開いて、イヌくんを見せて

保育者

「クマくんとタヌキちゃんと
キツネくんとウサギちゃんの
後にやってきたのは、イヌくん。
いっしょに雪の道を
『キュッキュ、キュッキュ』と歩きます」

21

6　リスちゃん

「クマくん、タヌキちゃん、
　キツネくん、ウサギちゃん、
　イヌくん、待ってー！」

○巻き込んだ場面を
　もうひとつ開いて、
　リスちゃんを見せて

保育者

「クマくんとタヌキちゃんと
　キツネくんとウサギちゃんとイヌくんの
　後にやってきたのは、リスちゃん。
　いっしょに雪の道を『キュッキュ、キュッキュ』と歩きます」

7　ネズミくん

「クマくん、タヌキちゃん、キツネくん、ウサギちゃん、
　イヌくん、リスちゃん、待ってー！」

○巻き込んだ場面をもうひとつ開いて、
　ネズミくんを見せて

保育者

「クマくんとタヌキちゃんと
　キツネくんとウサギちゃんと
　イヌくんとリスちゃんの後に
　やってきたのは、ネズミくん。
　いっしょに雪の道を
　『キュッキュ、キュッキュ』と歩きます」

○軽く揺らしながら

保育者　「みんなで『キュッキュ、キュッキュ』　みんなで『キュッキュ、キュッキュ』
　　　　みんなで『キュッキュ、キュッキュ』　と、歩いていたら…」

8

○裏返す

保育者

「わー、大きな、大きな、クリスマスツリー！
みんなはツリーの下に集まって、
夜空を見上げて『メリー、クリスマス！』」
みんなもいっしょに、さん、はい、

「メリー、クリスマス！」
クリスマス、おめでとう！」

メリー
クリスマス

どうぶつむらのひろば

動物村にたくさんの仲間が集まりました。ゆかいな鳴き声がどんどんつながって…。

用意するもの

絵人形：・ブタ・ネズミ・カラス・ヒツジなど、必要な動物の親子
・タイトルのアーチ

□ パネルシアター用Pペーパー
□ 鉛筆
□ ポスターカラー
□ 油性フェルトペン
□ ハサミ
※型紙はP.96

作り方

❶ 型紙を拡大コピーし、Pペーパーに型紙を描き写す。

❷ ポスターカラーなどで着色し、油性フェルトペンで縁取りしてハサミで余白を切り落とす。

※裏表があるものは、木工用接着剤ではり合わせる。

▼ 進め方

1

○タイトルのアーチを出しながら

保育者 「ここは動物村の広場。いろんな動物さんが次々と集まりますよ」

いろんな動物さんが集まりますよ

24

○ブタの親子を出して

ブゥブゥブゥ

ブタの親子です

保育者 「最初はブタの親子です。
追いかけっこで歌って
くださいね」

♪ここは（ここは）
　どうぶつむらの　ひろば
　ここは（ここは）　　　　　　※
　みんなの　ひろば
　ぶたの　おやこが　やってきて
　ブゥブゥブゥ　となきました

チュウ
チュウ
チュウ

2

♪※　繰り返し

○ネズミの親子を出しながら

♪ねずみの　おやこが　やってきて
　チュウチュウチュウ　となきました
　ブゥブゥブゥ　チュウチュウチュウ
　と　なきました

チュウ
チュウ
チュウ

● POINT ●

最後の鳴き声が続くフレーズは、登場した順
番に指をさしながら歌いましょう。

♩からすの おやこが やってきて♩

3

♪※ 繰り返し

○カラスの親子を出しながら

♪からすの　おやこが　やってきて
　カァカァカァ　となきました
　ブゥブゥブゥ　チュウチュウチュウ
　カァカァカァ　と　なきました

カァ
カァ
カァ

4

動物を増やしてアレンジしてみましょう

○ヒツジの親子を出しながら

♪ひつじの　おやこが　やってきて
　メェメェメェ　となきました
　ブゥブゥブゥ　チュウチュウチュウ
　カァカァカァ　メェメェメェ　と　なきました

メェ
メェ
メェ

5

○同様に、イヌ・アヒル・サル・キツネ・
　ウシの親子を出しながら

モー
モーモー

♪うしの　おやこが　やってきて
　モーモーモー　となきました
　ブゥブゥブゥ　チュウチュウチュウ
　カァカァカァ　メェメェメェ
　ワンワンワン　ガァガァガァ
　キャッキャッキャッ　コンコンコン
　モーモーモー　と　なきました

● POINT

参加している子どもたちの年齢や
場面に応じて、登場する動物の数を
調整しましょう。また、ライオンやウ
マやスズメなども作ると楽しいで
しょう。

みんなの広場

作詞/村山 恵子　作曲/多志賀 明

ここ　は　(ここは)　ここ　は　(ここは)　　どうぶつむらの　ひろば　ここ

は　(ここは)　ここ　は　(ここは)　　みんなのひろば

ブタの　おやこが
ネズミの　おやこが
カラスの　おやこが

やってきて　　ブー ブー ブー　と　なきました　ここ　　なきました　　　ブー ブー ブー
やってきて　　チュウ チュウ チュウ　と　なきました　ここ　　なきました　　　ブー ブー ブー
やってきて　　カア カア カア　と

チュウ チュウ チュウ　と　なきました　　　ここ　　　　　　なきました

ブー ブー ブー　　チュウ チュウ チュウ　カア カア カア　と　なきました

27

おたんじょうバス

所要時間 **5**分　演者 **1**人

おたんじょうバスが、お誕生会にやってきました。今月はだれが乗っているのかな？

用意するもの

絵人形： ・おたんじょうバス（小・中・大） ・バス停 ・誕生児

・お・た・ん・じ・ょ・う・び・お・め・で・と・う　の文字

※型紙はP.98

 おたんじょうびおめでとう

作り方はP.24を見てください。

おたんじょうバス（大）の作り方

おたんじょうバス（大）は厚口のPペーパーを使います。
誕生児の絵人形をセットしておくポケットを
作ります。

→パネル布　　のりしろ　　←厚口

※ポケットに誕生児の
絵人形をセットして
おきます。

パネル布をポケットの大きさに四角く切る。
図のように、のりしろの部分を木工用接着剤ではり付ける。

▼ 進め方

1 ○おたんじょうバス（小）を出しながら

保育者「向こうからバスが
走ってきました。
"おたんじょうかいゆき"
って書いてありますよ。
だれが乗っているの
かな？」

"おたんじょうかいゆき" って書いてありますよ

○ハンドルを握る動作をして楽しく歌いながら

♪ブーブーブーブー　はしります
　おたんじょうバスが　ブーブーブー
　ブーブーブーブー　はしります
　たんじょうかいへ　ブーブーブー

○おたんじょうバス（小）と（中）を入れ替えながら

♪ブーブーブーブー　はしります
　おたんじょうバスが　ブーブーブー
　ブーブーブーブー　はしります
　たんじょうかいへ　ブーブーブー

2　○おたんじょうバス（中）と誕生児をセットした
　　　（大）を入れ替えながら

> **保育者**　「わあ、こんなに近づいてきました」

○同様に歌いながら

♪ブーブーブーブー　はしります
　おたんじょうバスが　ブーブーブー
　ブーブーブーブー　はしります
　たんじょうかいへ　ブーブーブー

3　○バス停の立て札を出しながら

なかよし園前に着きましたよ

保育者　「○月うまれのお友達が
なかよし園前に着きましたよ
中に乗っているのはだれでしょう？」

○子どもたちの反応を受けながら

保育者　「みんなが言ってくれたように、○月生まれの
お友達は3人。だれが先に降りてくるのかな？」

だれが先に降りてくるのかな？

○バスにセットした誕生児の
絵人形を、1枚ずつ出しながら

こうすけくん

保育者

「最初は、こうすけくん。
次は、かりんちゃん。
最後は、れなちゃんでした」

最後は、れなちゃん
でした

● **POINT** ●

子どもたちの反応を受けなが
ら、ゆっくり進めます。
「ケンケンができるようになっ
たお友達ですよ」など、ヒントを
出してもよいでしょう。

おたんじょうびおめでとう

4 ○お・た・ん・じょ・う・び・お・め・で・と・う・の絵人形を
スライドさせながら出して

保育者

「お誕生日おめでとう！

さあ、これからみんなからの歌のプレゼントや
先生からの手品のお祝い、誕生カードのプレゼントがありますよ。
こっちの席に座ってください。みんなは手拍子で
『ハッピーバースディトゥーユー』の
歌をうたいましょう！」

アレンジ!!

全園児が集う誕生会で誕生
児が多い場合バスの台数を
増やすとよいでしょう。バス
は色違いで作っても楽しい
ですね。

おたんじょう バス　作詞／阿部 恵　作曲／佐藤 千賀子

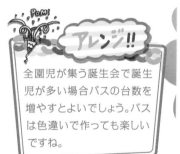

ブー　ブー　ブー　ブー　　はしります　　おたんじょうバス が

ブー　ブー　ブー　　ブー　ブー　ブー　ブー　　はしります

おたん　じょうかいへ　　ブー　ブー　ブー

所要時間 5分　演者 1人

さいしょは グー ジャンケン

ジャンケンの弱い人も活躍できる、楽しいジャンケン遊びです。

| 用意するもの | 絵人形：・グー（裏 グー）　・グー（裏 チョキ）　・グー（裏 パー） |

※型紙はP.99

作り方はP.24を見てください。

▼ 進め方

1

　保育者　「今日は さいしょは グー ジャンケンで遊びましょう」

○パネルに中央に、グー（裏 パー）の絵人形を出して

　保育者　「最初はあいこの人が勝ちの、あいこジャンケンです。

♪さいしょは　グー　ジャンケン　ポン！　で、

このグーを裏返します。同じ物を出した人、あいこの人が勝ちです」

さいしょは
グー ジャンケンで 遊びましょう

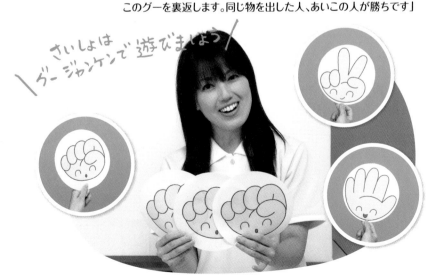

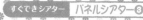

保育者　「さあ、やってみましょう！」

♪さいしょは　グー　ジャンケン　ポン！

○グーを裏返す。（パー）

保育者　「パーでした！　パーを出して
あいこだった人！」

○子どもたちの反応を受けて

保育者　「おめでとう！　これでルールは
わかりましたね。それではこの
パーをしまって、違うのを出しましょう」

○パネルに中央に、違うグー（例えば裏 グー）
の絵人形を出して

保育者　「2回戦をやりましょう」
　　　　※同様に遊ぶ

● POINT ●

リズムに乗ってオーバーア
クション。グーをタイミング
よくめくりましょう。
もう少し遊びたいと思うと
ころで切り上げると、次に
つながりやすくなります。

2 保育者 「今度は、負けた人が勝ちの、
負けっこ ジャンケンで遊びましょう」

○パネルの中央に、グー（例えば裏面がチョキ）の絵人形を出して

保育者 「いいですね。負けた人が勝ちですよ！」

♪さいしょは　グー
　ジャンケン　ポン！

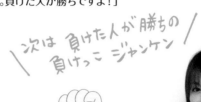

次は 負けた人が勝ちの
負けっこ ジャンケン

チョキでした！

○グーを裏返す。
　（チョキ）

保育者 「チョキでした！
チョキに負けるのはパー。
パーを出して負けた人？」

○子どもたちの反応を受けて

保育者 「おめでとう！」　※同様に遊ぶ

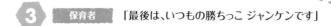

❸ | 保育者 | 「最後は、いつもの勝ちっこ ジャンケンです」

○パネルの中央に、グー（例えば裏 パー）の絵人形を出して

| 保育者 | 「いいですね。勝った人が勝ちですよ！」

♪さいしょは　グー
　ジャンケン　ポン！

○グーを裏返す。（パー）

| 保育者 | 「パーに勝つのはチョキ。
　　　　　　チョキを出した人？」

○子どもたちの反応を受けて

| 保育者 | 「おめでとう！」　※同様に遊ぶ

アレンジ!!

うちわシアターでも遊べます。
パネルシアターと同様に、うち
わ3本の片面はすべてグー。
裏面にグー・チョキ・パーをそ
れぞれはります。

35

所要時間 **3**分

演者 **1**人

かわいいケーキでおめでとう？

小さなケーキがみんなの呪文で大きなケーキに…。1枚の紙で楽しく遊べます。

用意するもの

両面にケーキが描いてあるばたばたシアター

□色鉛筆　　※型紙はP.100

作り方

色鉛筆　拡大コピーし色を塗る

❶ 型紙を薄手の画用紙の表と裏に拡大コピーして着色する。

❷ 破線に沿って山折りに折るとできあがり

ニ ➡ ニ ➡ できあがり！

▼ 進め方

1　○ポケットから折ったぱたぱたシアターを出して、最初の画面を見せながら

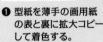
ほら かわいいケーキ！

保育者「今日は4歳になった○○ちゃんに、お誕生日のプレゼントがあります。ポケットから出してみましょう。ほら、かわいいケーキでしょう」

○子どもたちの反応を受けて

保育者「そうだね、かわいいケーキだけど、もう少し大きいほうがうれしいね。そうだ、魔法の杖で大きくしてみましょう」

2　○ひとさし指を出しながら

チチーンプイ！

保育者「みなさん、先生と同じように、ひとさし指を出して応援してください。このケーキに向かって
♪大きくなあれ　大きくなあれ　チチーン　プイ！
と呪文をかけますよ。　さあ、みんなもいっしょに」

○子どもたちといっしょに

保育者　子どもたち「♪大きくなあれ　大きくなあれ　チチーン　プイ！」

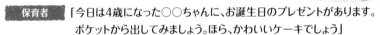

3　○ぱたぱたシアターの折をひとつ広げながら

大きくなりました！

保育者「みんなの呪文が効いて、ケーキが大きくなりました。拍手！」

4 5

○子どもたちの反応を確かめて、
　呪文をかけて
　ぱたぱたシアターの折を順に
　広げていく

保育者　「うわ、これは大きい！」

○子どもたちの反応を受けて

保育者　「えっ、もっと大きくしたい。
　　　　　それなら、もっと、もっと、
　　　　　もっと、大きな呪文ですよ」

保育者　**子どもたち**「♪大きくなあれ
　　　　　　　　　　大きくなあれ
　　　　　　　　　　チチーン　プイ！」

6

○ぱたぱたシアターの折を
　さらに広げて裏面を出す

保育者　「うわ、こんなに大きな、ジャンボケーキに
　　　　　なりました。拍手！　『お誕生日おめでとう』と
　　　　　書いてありますよ。　○○ちゃん、
　　　　　お誕生日おめでとう！　みんなで
　　　　　『ハッピーバースディトゥユー』の
　　　　　歌をうたってお祝いしましょう！」

　　　　　○『ハッピーバースディトゥユー』の
　　　　　　歌をうたう

7

○ぱたぱたシアターを元に戻して

保育者　「はい、これは先生からのプレゼント」

● POINT ●

・呪文は徐々に大きくしていくと盛り上がります。
・表面の一コマあいているスペースに「○○ちゃ
　んおたんじょうびおめでとう　○ねん○がつ○に
　ち」とタイトルを入れてもよいでしょう。

ペンダントシアター

| 所要時間 | 5分 | 演者 | 1人 |

ねずみの嫁入り

いつでもどこでも手軽に子どもたちとの掛け合いで楽しいお話ができます。

用意するもの

- □ 工作用紙
- □ 色鉛筆など
- □ スティックのり
- □ ひも（細くてカラフルなもの）
- □ 穴あけパンチ
- □ ハサミ

※型紙はP.101

作り方

❶ 型紙を拡大コピーし色鉛筆などで着色し、工作用紙にはる。

❷ ハサミで切り取り、パンチで穴をあける。

❸ 順にひもを通してできあがり。

▼ 進め方

ナレーター 「さあ、楽しいことが始まりますよ」

○ペンダントを首に掛け、絵を持って

● POINT ●

持つときに、絵に手が掛からないように注意しましょう。

ナレーター 「ねずみの嫁入りのお話、はじまりはじまり。
あるところにねずみの夫婦がいました。
ふたりにはちゅうこさんというかわいい娘がいました。
ふたりはちゅうこさんのおむこさんを探しに行くことにしました」

りっぱな方をおむこさんにしたいね

お父さんねずみ　「なあ、お母さん、
この世で一番りっぱな方を
おむこさんにしたいね」

お母さんねずみ　「そうですね、お父さん」

○1枚めくって肩の後ろまで移す

2

お日様 お日様

ナレーター　「親子はお日様のところまで
やってきました」

お父さんねずみ　「お日様、お日様、お願いがあります。
うちの娘のおむこさんに
なってくださいな」

お母さんねずみ　「この世で一番りっぱな方を、ちゅうこの
おむこさんにしたいんです」

○子どもたちの反応を確かめて

お日さま　「ねずみさん、残念ですが、私はこの世で
一番りっぱでなんかありません。
雲さんに隠されてしまいますからね」

ナレーター　「そこで、親子は雲さんのところへ
行くことにしました」

○1枚めくって、次の場面を出す

3 2と同様に、雲さん、

4 風さん、**5** 壁さんと続ける

雲さん、雲さん

雲さん

「ねずみさん、残念ですが、
私はこの世で一番
りっぱでなんか
ありません。
風さんに飛ばされて
しまいますからね」

ふぅ〜！

風さん

「ねずみさん、残念ですが、
私はこの世で一番
りっぱでなんかありません。
壁さんに止められて
しまいますからね」

一番りっぱでなんか
ありません

壁さん

「ねずみさん、残念ですが、
私はこの世で一番りっぱでなんかありません。
ねずみさんにかじられてしまいますからね」

びっくりしたね。
ちゅうたさんが一番だって

お父さんねずみ　「お母さん、びっくりしたね。
　　　　　　　　お日様よりも雲さんよりも
　　　　　　　　風さんよりも、りっぱなのが
　　　　　　　　私たちねずみだなんて」
お母さんねずみ　「しかも、お父さん、
　　　　　　　　ちゅうたさんが一番だって、
　　　　　　　　壁さんが教えてくれましたよ」
ナレーター　「ちゅうこさんも大喜び」

○めくって最後の1枚を出す

めでたい、めでたい。
おしまい

6

ナレーター

「ちゅうこさんとちゅうたさんは
　結婚しました。
　ほら、ふたりはうれしそう。
　お父さんもお母さんも大喜び。

　めでたし、めでたし。
　おしまい」

41

絵巻物シアター

所要時間 **5分** | 演者 **1人**

わらとすみとまめ

絵巻物でお話が楽しめます。いつもと違った興奮で特別な日に。

用意するもの

絵巻物
- □色紙を巻いたトイレットペーパーの芯など、筒状のもの
- □色鉛筆など着色できるもの
- □スティックのり
- □和紙や千代紙
- □ひも

※型紙はP.102

作り方

❶ 型紙を拡大コピーして着色し、順にはり合わせる。

❷ トイレットペーパーの芯などに最後の部分をはり、巻き付けていく。

❸ 表面（筒のひと巻き半くらいの長さ）を、和紙などで飾る。タイトルをはり付け、ひもでくくればできあがり。

▼ 進め方

1 ○絵巻物のタイトルを見せながら

> ナレーター 「わらとすみとまめ」

2 ○ひもを解いて巻物を開いて

> ナレーター 「むかしむかし、わらとすみとまめが相談して、京の都におまいりに出かけました」

3 ○次の場面を出して

> ナレーター 「どんどん行くと、峠がありました。眺めが良かったのでひと休みしながら、こんな話をしました」

> わら 「ほら、おいらはあそこに見えるような、田んぼで育ったんだ」

> すみ 「へー、おいらは向こうに見えるような、山で育ったのさ」

> まめ 「へー、おいらは田んぼの横に見えるような畑で育ったんだよ」

橋が架かっていません…

4　○次の場面を出して

ナレーター

「楽しく歩いて行くと、川がありました。
でも、橋が架かっていません。
困っていると、
わらが言いました」

5　○次の場面を出して

わら　「みんな、おいらは背が高いから橋になるよ。
2人は、先に渡って、後でおいらを引き上げておくれよ」

すみ　まめ　「え、いいのかい」

おいらが橋になるよ

6　○次の場面を出して

ナレーター

「ところが、まめはわらの橋を渡るのが
怖くてしかたありません。
すみに先に渡るように言いました」

すみくん、先に渡っておくれよ

7 ○次の場面を
出して

ナレーター

「すみは先に渡り始めましたが、わらの橋の
　真ん中までくると、怖くて体が熱くなり、
　わらが燃え始めました」

わら

「わーい、助けてくれー！！」

すみ

「わらくん、ごめん！
　怖くてどうしようもないんだ・・・」

\わーい助けてくれ、!! /

8 ○次の場面を出して

ナレーター

「わらとすみは、**ドボン！**
　と谷川に落ちました」

9 ○次の場面を出して

ナレーター

「まめは、そのようすがおかしくて、
　わはははわはははと
　笑い出しました」

10 ○次の場面を出して

ナレーター

「ところがあんまり笑いすぎて、
　おなかが、**ぱちーん！**　と
　割れてしまいました」

11 ○次の場面を出して

ナレーター

「ちょうどそこを通りかかった旅の娘さんが、
　『黒い糸しかないけどよかったら…』と、
　おなかを縫ってくれました」

12 ○次の場面を出して

ナレーター

「それからというものまめには、おなかに黒い筋が
　あるようになりました。そして、下を見るとまだ
　おなかが痛いので、いつも空を見て歩くようになり、
　いつからか**そらまめ**と呼ばれるようになったと
　いうことですよ」

おしまい

集会 成功のコツ②

進行編

どんな会でも進行表を持ちましょう

お誕生会やお楽しみ会くらいだとメモ用紙にプログラムを走り書き、くらいが多いのではないでしょうか。どんな小さい会でもプログラムはもちろん、タイムスケジュールや準備するもの、つなぎの遊びの準備などを記した進行表を持つことです。

B6くらいの色画用紙を2折りにした進行表を、ポケットに入れておくと安心です。

つなぎ遊びをたくさん用意しておきましょう

プログラムとプログラムのつなぎの遊び、気分転換の遊び、集中させる技術など、たくさん仕入れておきましょう。先輩の技術を参考にさせてもらったり、他園に勤務している友達などと情報交換をしておいたりするとよいでしょう。

それらのリストもとっさに出ないことも多いので進行表に組み入れておくとよいでしょう。

Chapter ❷

職員劇・マジック

職員劇や
子どもたちが大好きなマジック。
メインでも幕間でも。

職員劇❶ 所要時間 10分 演者 7人

おおきなかぶ

0歳から楽しめ、会場の子どもたちから掛け声が。かぶが抜けるところが見せ場です。

用意するもの	[いぬ・ねこ・ねずみ]	[かぶ]
	画用紙で耳を作り、カチューシャに付ける。同様にしっぽを作り、おしりに付ける。	人が隠れるくらいの段ボールにかぶを描き、顔の大きさで真ん中をくり抜く。

▼ 進め方

1 ○上手(かみて)のそで幕に
かぶの一部が見えている。
おじいさん下手(しもて)から登場

おじいさん 「やれやれ、ここらでひとやすみ。
向こうで腰を下ろしましょう」

○上手に向かい歩き、大きなかぶの葉を見つける

おじいさん 「おや、こんなところにおおきなかぶの葉が。
こんなにおおきなかぶは見たことない。ひとつ引っ張ってみよう」

○かぶの葉を持って、リズミカルに引っ張る
♪ウントコショ　ドッコイショ
　おおきなかぶだよ　ウントコショ
　ウントコショ　ドッコイショ

おじいさん 「これはびくともしない。
おばあさんを呼ぼう。(下手に向かって)
おばあさん、手伝っておくれ！」

2 ○おばあさん下手から登場

おばあさん 「はいはい、なんですか？」

おじいさん 「おばあさん見ておくれ、こんなにおおきな
かぶが・・・。抜くのを手伝っておくれ」

おばあさん 「おや、ほんとにおおきなかぶですね。
手伝いますとも」

○おじいさんの後ろにおばあさん。
　リズミカルに引っ張る

♪ウントコショ　ドッコイショ
　おおきなかぶだよ　ウントコショ
　ウントコショ　ドッコイショ

おじいさん「これはびくともしない。今度は
　　　　　　　孫のゆきちゃんを呼ぼう。
　　　　　　　（下手に向かって）
　　　　　　　ゆきちゃん、手伝っておくれ！」

3　○ゆきちゃん下手から登場

ゆきちゃん「はーい、おじいちゃんなあに？」

※以下同様に

おじいさん「これはびくともしない。いぬのぽちを呼ぼう。
　　　　　　　（下手に向かって）
　　　　　　　ぽち、手伝っておくれ！」

4　○ぽち下手から登場

ぽ　ち「はーい、おじいさんなあに？」

※以下同様に

おじいさん「これはびくともしない。
　　　　　　　ねこのたまを呼ぼう。（下手に向かって）
　　　　　　　たま、手伝っておくれ！」

5　○たま下手から登場

た　ま「はーい、おじいさんなあに？」

※以下同様に

おじいさん「まだびくともしない。もう家には、ねずみの
　　　　　　　ちゅうすけだけだ。（下手に向かって）
　　　　　　　ちゅうすけ、手伝っておくれ！」

6　○ちゅうすけ下手から登場

ちゅうすけ　「はーい、おじいさんなあに？」

おじいさん　「ちゅうすけ見ておくれ。こんなにおおきなかぶが。
　　　　　　みんなで引っ張っても抜けないんだよ。手伝っておくれ」

ちゅうすけ　「うわー、おおきなかぶ。お手伝いします！」

おじいさん　「さあ、みんな。もう家にはだれもいないよ。力を合わせて・・・」

●おじいさん・おばあさん・ゆきちゃん・ぽち・たま・ちゅうすけとつながって。
　リズミカルに引っ張る。（徐々に大きく）

♪ウントコショ　ドッコイショ
　おおきなかぶだよ　ウントコショ
　ウントコショ　ドッコイショ　（×3回繰り返し）

7　○大太鼓のドドドーン！　という音と共に、かぶが中央に飛び出す。

○みんなはかぶの周囲に集まって

みんな　「わーい、抜けた抜けた！」

おじいさん　「それにしても、おおきなかぶだな」

おばあさん　「そうですね、こんなおおきなかぶは見たことがないですね」

ゆきちゃん　「わたしも！」　　ぽ　ち　　た　ま　　ちゅうすけ　「ぼくたちも！」

か　ぶ　「わたしも！」　　みんな　「えっ？　かぶがしゃべった！」

わたし
も！

8

かぶ　「だれも気がついてくれないから、
　　　だれかに見つけてほしかったの」

おじいさん　「そうか、それはよかった。

　　　　みんなで踊ろう!」

●音楽をかけ、出演者全員で踊る

○みんなでポーズを取って

おしまい！

◆ POINT ◆

最後の出演者全員によるダンスの際に、客席と一緒に歌を
うたうとより盛り上がります。その場合、みんなが歌える歌
や流行している歌などを選んでもよいでしょう。

| 所要時間 | 5分 | 演者 | 5人 |

こぶたぬきつねこの
年長さんありがとう

お面やキャップで簡単に楽しい劇が。
最後はみんなで楽しく歌います。

用意するもの
※型紙はP.127

絵人形：コブタ（ブータ）・タヌキ（ポンコ）・キツネ（ツネオ）
・ネコ（ミーコ）のお面、またはキャップ。

▼ 進め方

1 司会者 「ここは動物たちが通っている
アニマル幼稚園（保育園）。
あれあれ、年中さんのブータくん、
朝からどうしたのかな」

○下手（しもて）からブータくん、
少し元気なさそうに登場

ブータくん 「あ〜あ、年長さんとももうすぐお別れか。
なんだか、さみしいな・・・。
ぼく、年長さんになったらプールがんばること
できるかな。お泊り保育で泊まることできるかな」

2 ○上手（かみて）からポンコちゃん元気に登場

ポンコちゃん 「ブータくん、おはよう！」　　ブータくん 「あっ、ポンコちゃん。おはよう」

ポンコちゃん 「どうしたのブータくん、元気ないみたいだけど」

ブータくん 「あのね、年長さんもうすぐ卒園でしょう。そうすると、ぼくたちが年長さん。
年長さんになったら
プールがんばることできるかな。
お泊り保育で泊まること
できるかな、って心配になったの」

ポンコちゃん 「そうね、運動会の組体操やリレー、
かっこよかったよね。私たちも
あんなふうにできるのかしら」

3 ○上手からツネオくんと
　　　ミーコちゃん登場

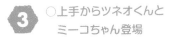

ツネオくん　ミーコちゃん

「ブータくん、ポンコちゃんおはよう！」

ブータくん　ポンコちゃん

「ツネオくん、ミーコちゃんおはよう…」

ツネオくん　「どうしたの、2人とも
　　　　　　なにか難しいことがあるの？」

ミーコちゃん　「困ったことがあるの？」

ブータくん　「ううん、もうすぐ年長さんがいなくなるからさみしくなって…」

ポンコちゃん　「そう。年長さんみたいに何でもかっこよくできないから
　　　　　　ちょっと心配になったの」

ツネオくん　「そうか。そういえば、発表会の劇も合奏もじょうずだったね」

ミーコちゃん　「そうね。私たちや年少さんに、とても親切にしてくれたよね」

4

司会者

「あらあら、ブータくん、ポンコちゃん、ツネオくん、
ミーコちゃん、みんな考え込んでしまった
みたいですよ。ねえ、皆さん。
皆さんはブータくん、ポンコちゃん、ツネオくん、
ミーコちゃんはどうしたらいいと思いますか？」

○子どもたちの反応を確かめながら

「あっ、『自信を持ったらいい』というアドバイスが出ました。
『最初はそうだけど、できるようになる』
『みんなで協力すればいい』『やさしくしてあげればいい』
『練習をたくさんするとできる』
『心配しなくてもだいじょうぶ』…」

5 **司会者**「わあ、たくさんのアドバイスが出ました」

○明るい表情で

ブータくん「そうか、自信を
　　　　持ったらいいんだ」

ポンコちゃん「練習すればできる
　　　　ようになるのね」

ツネオくん「みんなで協力
　　　　すればいいんだ」

ミーコちゃん「やさしい気持ちが大事なのね」

ブータくん「なんだか元気が出てきた」

ポンコちゃん「ねえ、みんなで、年長さんの卒園をお祝いする、お歌をうたいましょう」

ツネオくん「賛成、どんな歌がいいかな」

ミーコちゃん「私たち4人だから『こぶたぬきつねこ』（作詞・作曲／山本直純）はどう？」

ブータくん **ポンコちゃん** **ツネオくん**「歌おう、歌おう！」

6

司会者「とってもいいアイディアね。全員で歌いましょう」

ブータくん「ねえ、みんな。ぼくたちの後について元気に歌ってね」

○ピアノ伴奏に合わせて「こぶたぬきつねこ」を
　歌う。1回目は歌だけ、2回目に動作を入れる

こぶた（こぶた）
たぬき（たぬき）
きつね（きつね）
ねこ（ねこ）

ブブブー（ブブブー）
ポンポコポン（ポンポコポン）
コンコン（コンコン）
ニャーオ（ニャーオ）

ブブブー のときは…

右手と左手でそれぞれ筒を作り、
鼻の前でくっつけてブタのまねをする

ポンポコポン のときは…

両こぶしで胸を軽くたたき
タヌキのまねをする

コンコン のときは…

両手を頭の上に挙げ
キツネのまねをする

ニャーオ
のときは…

両手をネコの手で胸の前に合わせ
ネコのまねをする

○声をそろえて

ブータくん　ポンコちゃん　ツネオくん　ミーコちゃん

「年長さん、ご卒園おめでとう！」

司会者

「わあ、楽しかったね。ブータくん、ポンコちゃん、
ツネオくん、ミーコちゃんありがとう。

皆さん拍手！」

● POINT ●

子どもたちに問いかける場面は、子
どもの声を司会者が受け止めて、み
んなに紹介します。

しゃかしゃか色水

ペットボトルの水が、あっという間にきれいな色水に変身。子どもたちから大歓声があがります。

用意するもの

□ ラベルをはがした透明のペットボトル3本に
　水を半分くらい入れておく
□ キャップの裏に赤、オレンジ、黄緑の水彩絵の具を
　それぞれ厚く塗ってよく乾かしたもの
□ 水を入れたやかん

▼ 進め方

1　「お水が入ったペットボトルが3本あります。
　その後ろにA先生、B先生、C先生がいますね」
キャップも普通に裏を下にして置いておく
「3人の先生、お水が少ないようですから少し足してください」
順に、六分くらいまで水を入れ、タネもしかけもないことを見せる

2　「では、ふたをしてください」
3人の保育者はふたの裏が見えない
ようにしぜんにふたをする。

POINT

色は水に溶けて遠目の利く色を選び、
保育者は白いTシャツで参加する。

56

［しゃかしゃか色水］

3 「それでは自分の好きな色をひとつ、
　　頭の中に浮かべてください。
　　今から私がパワーを送り
　　透明の水を先生方の好きな色に
　　大変身させます。
　　ペットボトルを持って
　　目をつむってください」

3人は上と下を両手で持つ。
司会者は両手でパワーを送る。

4

「パワーを送りました。
　いち・にの・さんの合図で、
　ペットボトルをシャカシャカと
　振ってください。
　みんなも合図を手伝ってね。
　いきますよ、いち・にの・さん!」

5 色が変わったところで
　　「はい おしまい!
　　　目を開けてください」

3人、大げさに驚き、それぞれ
好きな色になったことを
子どもたちに話す。

アレンジ!!

色が変わって目を開ける前に、
それぞれの好きな色を話しても
盛り上がります。

マジック❷ わ・わ! 不思議な輪

所要時間 **5**分　演者 **1~2人**

紙の輪を縦に切ると、2つの輪に。でも呪文を唱えると、あれあれ。大きな輪やつながった輪に。

用意するもの

□ 赤・青・黄などの3色の紙テープ（70cmくらい）

□ のり　　□ ハサミ

作り方　3色の紙テープを図のような3種類の輪にする

[Aの輪]

のりづけ

切る

同じ大きさの輪が
2つできる

[Bの輪]
1回ねじる

のりづけ

切る

2回ねじれた
2倍の大きな輪になる

[Cの輪]
2回ねじる

のりづけ

切る

1回ねじれた輪が
2つつながる

▼ 進め方

1 用意した3種類の輪を見せる。
「ここに紙テープの輪が3つ
あります」

POINT

アドリブや少し動作を大きくした
パフォーマンスを心がけましょう。

2 「この輪を真ん中から
縦に切って見ましょう」

Aの輪を取り出して切る。

［わ・わ！ 不思議な輪］

3　「はい、細い輪が2つできました」

1つの輪が2つになったことを
強調してみせる。

4　「今度は、紙テープにちょっとパワー
　　を送ります」

Bの輪にパワーを送り、同様に切る。

5　「ジャーン！　見てください。
　　大きな輪になりました」

6　「みんながたくさん拍手をして
　　くれましたので、もうひとつ」

と、Cの輪を取り出し、同様に切る。

「ジャーン！　今度はつながった
　輪になりました」

マジック③

| 所要時間 | **3分** | 演者 | **1人** |

カラフルツリー

折り紙をつなげて筒状に。あとはあなたのちょっとした演技力でカラフルツリーのできあがり!

用意するもの

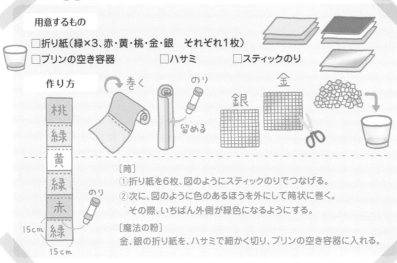

□折り紙（緑×3・赤・黄・桃・金・銀　それぞれ1枚）
□プリンの空き容器　　　□ハサミ　　　□スティックのり

作り方

巻く

のり

留める

銀　金

のり

桃
緑
黄
緑
赤
緑

15cm

15cm

[筒]
①折り紙を6枚、図のようにスティックのりでつなげる。
②次に、図のように色のあるほうを外にして筒状に巻く。
　その際、いちばん外側が緑色になるようにする。

[魔法の粉]
金、銀の折り紙を、ハサミで細かく切り、プリンの空き容器に入れる。

▼ 進め方

1

「♪チャラララララ～♪」
マジックの歌をうたいながら、
筒を出して子どもたちに見せる。
続けてハサミを取り出して、
同様に子どもたちに見せる。

2 「さあ、この筒を
　ハサミで切ります」
と言い、図のように筒を切る。

3 「さあ切れました。
　ここで魔法の粉をかけます」
と言って、魔法の粉を
オーバーに筒にふりかける。

$\frac{1}{3}$

8等分
に切る

4 歌をやめ、ここで口調を変えて
「さあ、ここで気合いを入れます」
ぐっと念じて
「えいっ！　…OK！　見てください」

5

再び歌いながら、筒の桃色の部分を
ゆっくり引き出すと、カラフルツリーの

できあがり!

マジック④

所要時間 **3**分 | 演者 **1〜2**人

なかよし **8**人

簡単に折って切った新聞紙に、呪文をかけると…、手をつないだ仲よしの人ができます。

▼ 進め方

用意するもの

□新聞紙見開き分を横に2等分したもの　□ハサミ

1 「新聞紙を半分に折ります。また…」

と図のように常に端が外側になるように4回折る。

2 「そして、チョキ、チョキ、チョキ…と、ハサミで切って」

プイプイのプイ！

アレンジ!!

いろいろな形になります! ほかにもオリジナルの形を探してみてください。

うさぎ　男の子　キツネ　くま

3 （本体を手に乗せて）「チチンプイプイのプイ！」と呪文をかける。

4 新聞紙の端を持って「いち・にの・さん！」で開く。

62

所要時間 ⏳ **3分**　演者 👤 **1人**

ハンドパワー

ハンカチ1枚でできるシンプルなマジックです。

▼ 進め方

用意するもの

☐ ハンカチ

1 ハンカチを持ち、タネもしかけもないことを子どもたちに見せる。

2 右手をかざして「パワーを送って倒します」と言い、右手を少しずつ倒す。そのときに、左手の親指に力を入れてゆっくり上にずらすとハンカチが前に倒れる。

POINT

・ゆっくり動かす、すばやく動かすなどスピードに変化をつけて、演技で子どもたちを引きつけましょう。
・ハンカチから糸が出ているように演技しても楽しいです。

ほらっ

ハンカチから糸が出ているよ。みんな見える？

3 逆に左手の親指を下にずらすと戻る。

成功のコツ③

職員全体のチームワーク編

(子どもたちの大好きな 職員劇では意外性も)

職員劇の配役は、役に一番ふさわしい人を相談して決めるのも悪くありませんが、1年に数回はクジ引きで配役を決めてみるのも楽しいでしょう。一番若い職員がおじいさん役になったり、背の高い職員がネズミ役になったりすることもあります。もちろん男性が女性役をやることも。子どもを通して家庭にも伝わります。

(1年に1回くらいは 園の陰の力も登場)

毎月だと大変ですがどこかで園の陰の力、園バスの運転手さんや調理師さんや事務員さんなども参加した会があってもよいでしょう。園全体の職員のチームワークも子どもたちに見せることになります。
また保護者の方が集まる会でしたら、園の職員全体で保育を担っているんだ、ということをよく理解してもらえます。

Chapter ③

ちょこっと遊び

出し物と出し物の間の少しの時間に、
子どもたちの集中がとぎれたとき…。
いろんな場面で使えるちょこっと遊びを紹介します。

はじまるよ はじまるよ

プログラムへの期待がどんどん高まる、お楽しみバージョンです。さあ、遊びましょう。

▼ 遊び方 1番

❶ はじまるよったら はじまるよ
（×2回繰り返す）

ここは
2番〜5番も動き
がいっしょだよ

右側と左側で3回ずつ手をたたく
（×2回繰り返す）

❷ いちといちで

2番〜5番は
指の数を増やして
前に出します

右手ひとさし指を立てて前に出す
左手ひとさし指も立てて前に出す

❸ にんじゃさん

片手のひとさし指を
握って忍者のポーズ

❹ ドローン

横にはらう

2番

にとにで…

❶かにさんよ

カニのハサミのように
両手を左右に動かす

❷チョキーン

ハサミで切るように
動かす

3番

さんと
さんで…

❶ ねこのひげ

指をほおに当て、
ネコのひげを作る

❷ ニャオーン

両手でネコの耳を作る

4番

よんと
よんで…

❶ たこのあし

指を体の前で揺らす

❷ ヒューン

横にはらう

5番

ごとごで…

❶ おたのしみ

パンパンパンと
3回拍手をする

❷ パチパチパチパチパチー

パチパチと言いながら、
みんなで大きく拍手をする

● **POINT**

大きな拍手で次のプログラムに期待を持ってつなげられます。
5番を「ごとごで てはおひざ」にして両手をひざにの上におろすと静かに次のプログラムにつなげられるでしょう。

はじまるよ はじまるよ　作詞・作曲／不明

はじまるよったら　はじまるよ　　はじまるよったら　はじまるよ

い　ち　と　い　　ち　で　にんじゃさん　　（ドローン）

手あそび❷

おむすびつくろう

そのつどいろいろな具を入れて作ると、同じ手あそびで集会のプログラムをつなぐこともできます。

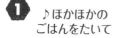

1 ♪ほかほかの
ごはんをたいて

ゆげの出ている動作をする

2 ほかほかの
おむすびつくろ

おむすびを握る

3 ほかほかの
ごはんは

❶と同じ

4 あつい

耳たぶをつかむ

5 ころころ
ころがすな

かいぐりをする

6 うめぼしいれて

左手の手のひらに
右手ひとさし指を指す

7 にぎって

❷と同じ

8 しおをかけて

右手の手のひらに
塩をかける動作をする

9 にぎって

❷と同じ

⑩ のりをまいて
左手でグーをつくり、右手を上から向こう側に半回転させる

⑪ にぎって
❷と同じ

⑫ いちにの さんで
ギュッギュッギュと形を整える

⑬ めしあが
拍手する

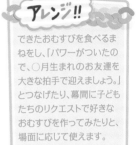

⑭ れ
両手のひらを上に向けて前に出し、軽くおじぎをする

アレンジ!!
できたおむすびを食べるまねをし、「パワーがついたので、○月生まれのお友達を大きな拍手で迎えましょう。」とつなげたり、幕間に子どもたちのリクエストで好きなおむすびを作ってみたりと、場面に応じて使えます。

おむすびつくろう　作詞／阿部 恵　作曲／家入 脩

ほか ほか のごはんを　た　い　て　　ほか ほか のおむすび つ　く　ろ

ほか ほか の ごはんは　あ　つ　い　　こ ろ こ ろ こ ろがす な

うめぼしいれて　に―ぎって　し―おをかけて　に―ぎって　の―りをまいて

に―ぎって　い―ちにの さ―んで めしあが れ

ごんべさんの赤ちゃん －いろいろ編－

おなじみの手あそびですが、歌詞をちょっと変化させただけで、1年中遊べる集会の人気手あそびに。

▼ 遊び方

1 ♪ごんべさんの

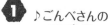

両手で頭から手ぬぐいをかぶり、あごの下で結ぶしぐさをする

2 あかちゃんが おっぱいのんだ

赤ちゃんを抱き、あやすしぐさをする

3 （ゴクゴク）

両手を口元に寄せて、おっぱいを飲むしぐさをする
1～**3**を3回繰り返す

4 そこでせなかを

手拍子を4回する

5 トントントン

赤ちゃんを右手で抱っこして左手で背中をトントンするしぐさをする

ゲップ出たかな？

●POINT●

「どうですか、赤ちゃんゲップが出ましたか？」などと聞くと楽しい。

▼ ほかにも… **1**・**2**・**4**の動きは変えずに…

2番 おなら ♪ごんべさんのあかちゃんが

2 おならした

3 （ブッ）

首を右に傾ける

4 そこで おしりを

5 クンクンクン くんくん

赤ちゃんを持ち上げておしりをにおう

ウンチ出てる？おならだけだった？

70

3番 クリスマス ♪ごんべさんのあかちゃんの

2 クリスマス **③**（シャン） **4** じょうずに スズを **5** シャンシャンシャン

右手でスズを鳴らす

右手でスズを3回鳴らす

じょうずにスズが鳴らせたね

4番 ねんね ♪ごんべさんのあかちゃんが

2 ねんねした **③**（スヤスヤ） **4** そこで しずかに **5** おふとんへ

スヤスヤのポーズ

小さな拍手

おふとんにそっと置く感じ

● **POINT** ●

クリスマスではスズを持って遊んでもよいでしょう。
最後に「ねんねした」で遊ぶと、静かに次のプログラムへつなげられます。

シー、静かにね…

ごんべさんの赤ちゃん 作詞／不明 アメリカ民謡

ごん べさん のあ かちゃんが か ぜひ いた

ごんべさんのあ かちゃんが か ぜひ いた ごんべさんのあ かちゃんが

か ぜひ いた そ こ であわ てて しっ ぷし た

ぞうさんとねずみさん

大きいゾウさんと小さなネズミさんの持ち物のくらべっこが楽しいゆかいな手あそびです。

▼ 遊び方 1番

1 ♪ぞうさんの

2 ぼうしは

3 でっかい

両手で両ひざを
2回たたく

頭に両手を乗せる

できるだけ大きい動作で
両手を上げる

4 ぞー

5 これくらい×4

6 これくらいー

拍手をする

両手で帽子の
大きさを表し、
少しずつ大きくしていく

両手を伸ばし、
思い切り大きく広げる

2番

7 ♪ねずみさんの **8** ぼうしは **9** ちっちゃい

両手で胸を2回たたく　　　❷と同じ　　　両手を胸の前に
　　　　　　　　　　　　　　　　　　　　小さく広げる

10 ねー **11** これくらい×4 **12** これくらいー

パン
拍手をする　　　両手で帽子の大きさを表し、　　　両手を丸く合わせ、
　　　　　　　　少しずつ小さくしていく　　　　上下に振る

● POINT ●

帽子のほかに、カバン、靴、お弁当や拍手などで遊んでみましょう。ねずみさんの拍
手はひとさし指同士をたたきます。静かに次のプログラムまでつなげられます。

ぞうさんとねずみさん　作詞・作曲／阿部 恵

1. ぞう さんの（ぼう し は）でっか いぞー　　これ くらい　これ くらい
2. ねずみさんの（ぼう し は）ちっちゃい ねー

これ くらい　これ くらい　　これ くらい　　ー

ぴよぴよちゃん

低年齢児も楽しめるまねっこ手あそびです。

▼ 遊び方

1 ♪ぴよぴよちゃん

保育者が口の前で、
両手をパクパクさせる

2 なんですか

子どもたちが
1 と同じ動作でこたえる

3 こんなことこんなこと

保育者が簡単な
2種類の動作をする

4 できますか

パチ
パチ
パチ

保育者が
拍手を3回する。

❺ こんなことこんなこと

子どもたちが
3と同じ動作をする

❻ できますよ

パチ　パチ　パチ

子どもたちが
拍手を3回する

● POINT

集会や季節に合わせていろいろ
なポーズを考えてみましょう。

アレンジ!!

なんのマネ?

〈クイズで遊ぶ〉
保育者がいろいろなポーズをした後に、
「さぁ、今のはなんのまねでしょう?」と
クイズにしてみても楽しめます。

ぴよぴよちゃん　作詞・作曲／不明

(保育者)
ぴ　よぴ　よちゃん

(子ども)
な　んで　すか

(保育者)
こんなこ　とこんなこ　と

で　きま　すか

(子ども)
こんなこ　とこんなこ　と　で　きま　すよ

ゲーム❶

すきですか きらいですか

集会で簡単に遊べる絵カード。子どもたちは、ゲーム的な感覚で楽しんでくれます。

演者 **1**人

用意するもの

□ B5サイズの白い工作用紙に
　描いた絵カード
□ 黒の油性フェルトペンで描き、
　着色する。角は丸くする。

▼ 遊び方

好きなものかな？
嫌いなものかな？
当ててね！

1 保育者は、絵カードを
裏返しにして重ねて持ち、
前に出る。

2 「さあ、この絵カードの一番上
に描いてあるのが、みんなの
好きなものかもしれないし、
嫌いなものかもしれません。
みんなに当ててほしいんです」
と言い、
『すきですか きらいですか』を歌う。

すきですか

きらいですか

みなさん よく
かんがえて

3 保育者は、
「みなさん よく かんがえて」
のあと、

「好きなものだと思う人！」
「嫌いなものだと思う人！」
と、どちらか挙手を促します。

[すきですか きらいですか]

4 「先生も何が出てくるかは
わかりません。いち にの さん！
でめくるからね」
子どもたちといっしょに
みんなで　「いち・にの・さん！」

5 保育者は一番上の絵カードを
タイミングよくめくり、
コメントをして会場を盛り上げる。

● POINT

・子どもたちが遊びを理解したら「これか
ら3回戦で遊びましょう」と、遊び回数を
示すとよいでしょう。
・絵カードはカット集を参考にしてたくさ
ん作るとよいでしょう。

すきですか きらいですか　　作詞／阿部 恵　作曲／家入 脩

ゲーム❷

くれよん しゅしゅしゅ

クレヨンで何が描けるかな？ 楽しいあてっこ遊びです。

演者 1人

用意するもの

□クレヨン
□ホワイトボードや模造紙など、
　実際に絵が描けるもの

▼ 遊び方

1

「今からこのクレヨンで
　絵を描くよ。
　よく見て当ててね」

とクレヨンを持って
歌に合わせて
空中に絵を描く。

♪あかいくれよん…

なにかな？

りんごかな？

ハートだよ。

[くれよん しゅしゅしゅ]

2 子どもたちからいろいろな
答えが出たら
「じゃあ、今から描くね」
と言って、実際に
ホワイトボードなどに
描いてみる。

POINT

いろんな色のクレヨンでいろん
なものを描いてみましょう。
・黄色…バナナ
・緑色…カエル
・青色…さかな　など

くれよん しゅしゅしゅ　　作詞／阿部 恵　作曲／宮本 理也

明るく
(adlib.)
(あ か い) く れ よん しゅ しゅ しゅ

に こ に こ にっ こ り しゅ しゅ しゅ

く る く る ご し ご し しゅー しゅ しゅ しゅ

a tempo　　(adlib.)
ほ ら (り ん ご) かー け ちゃっ た

ゲーム❸

影絵クイズショー

スクリーンに映ったものを当てっこ。会場を暗くしてみんなで盛り上がります。

演者 4人

用意するもの

□プロジェクターなどの光源
□映写用スクリーンや
　布を張ったものなど

▼ 遊び方

1

会場を暗くする。

「今からこのスクリーンに
先生が登場します。
私がその先生に質問を
していくので、みんなに
先生の名前を当てて
もらいます」

と言って、スクリーンに
保育者を映し出す。

2 「先生はリンゴが好きですか?」
などの簡単に答えられる質問をし、
園児が先生の名前を当てていく。

POINT

当てるのが難しいようなら、絞
り込めるような質問をしていき
ます。

アレンジ!!

園児がスクリーンに登場して
も盛り上がるでしょう。

演者 **1**人

まねっこ拍手

準備なしでいつでもどこでも楽しく遊べます。ゲーム的な感覚で楽しんでくれます。

▼ 遊び方

「今からまねっこゲームをします。
先生が今から手をたたくから
みんなも先生と同じようにまねして
手をたたいてみてね」

と言って手拍子をする。
いろいろな調子で手拍子をして、
子どもがまねをしていく、
を繰り返して遊ぶ。

● POINT

初めはゆっくり、慣れてきたらスピードを上げたり難しいリズムにしたりしてみましょう。

● POINT

最後はたくさん大きく拍手をして、「みんなとってもじょうずに拍手ができるようになったので、大きな拍手で○○を呼んでみましょう」などとプログラムにつなげます。

演者 2人

ぽこ ぺこ ぽん!

2人組で楽しく遊びます。緊張と開放が味わえ、間違っても楽しくおおいにわきます。

▼ 遊び方

1 2人向かい合って、
にぎりこぶしを縦に交互に
重ねる。

ぽこ

ぺこ

2 司会者が「ぽこ」と言ったら、
一番下のこぶしを一番上に
移動させ、「ぺこ」と言ったら、
一番上のこぶしを一番下に
移動させる。

例 「ぽこ」「ぽこ」「ぺこ」
　 「ぽこ」「ぺこ」「ぺこ」

3 「ぽん!」と言ったら、
一番下の人がすばやくてのひらで上のこぶしをたたく。
相手の人はたたかれないようにすばやく引っ込め、
たたく人は自分のこぶしは引っ込め、
相手のこぶしをたたくようにする。

ぽん

パチ

やられた

さっ

● **POINT**

・最初はゆっくり、慣れたら少
し速くしたり、声に強弱を付
けたりして、フェイントをかけ
てみましょう。
・いつでも・どこでも・子ども
たち同士でも遊べます。家
庭へも遊びが広がります。

演者  4〜6人

スーパーキャッチ できるかな

メジャーリーガーのようにスーパーキャッチができるかな？　対抗戦で盛り上がります。

▼ 遊び方

1 保育者2人1組で2〜3チームつくり、1チームずつステージに登場。

2 1人は手提げ紙袋を持って、幼児用イスの上に立ち、もう1人は3〜4メートルくらい離れたビニールテープのラインに立つ。

● POINT ●
年齢別保育者対抗や乳児・幼児保育者対抗などで遊ぶと、子どもたちの応援が盛り上がります。

用意するもの
□手提げ紙袋　□ビニールテープ
□新聞紙見開き1枚分を丸め、
　折り紙で外を巻いた紙ボール5個
□幼児用イス

3 司会者の合図で、1人が紙ボールを投げ、もう1人はイスから落ちないように紙袋でキャッチする。

4 5個投げ終わったら、司会者のリードで袋に入ったボールをみんなで数える。

5 紙ボールがたくさん入ったチームの勝ち。

がんばれー　せんせいがんばれ　そーれ

ジャンケンチャンピオン勝ち抜き決定戦

保育者のジャンケンチャンピオンが決定します。子どもたちの声援が最高潮に。

演者 5〜10人

▼ 遊び方

1 保育者の大半が
参加する。

2 選手（保育者）はステージ上の
上手側に1列に並び、
司会者が選手紹介をする。

3 先頭の2人は中央で
「さいしょは グー
ジャンケンぽん！」
と勝者を決め、
勝った選手が下手側に置いた
フープに入る。負けた選手は
列の最後尾に着く。

用意するもの

□ フープ1個
□ メダル

4 以後、フープの勝者と並んでいる
挑戦者が次々とジャンケンをして、
5人連続で勝った保育者が
チャンピオン。メダルをもらう。

● POINT

シンプルでわかりやすい競技なので、司会
者は「○○先生3回勝ち！ つぎ。さん、は
い。さいしょは グー ジャンケン ぽん！ う
わー、負けました。○○先生1回勝ち！ つ
ぎ…」とテンポよく進めます。

やったー
4人勝ち抜き！

負けたら最後尾へ

85

クイズ
クーイズクイズ

♪クーイズクイズ なーにがクイズ♪ 頭を使って楽しく遊べます。

● POINT ● 単語カードに書き写してポケットに入れておくといつでも使えます。

1 乗り物編

Q1 公園でいつもぶらぶらしている人気者なあに?　**A1** ブランコ

Q2 足で登って、おしりで降りてくるものなあに?　**A2** すべり台

なんにも くれーん…

Q3 赤・黄・青の目玉で交通整理をしているのはだあれ?　**A3** 信号機

Q4 バイバイバイバイバイ…と9回も言っているものなあに?　**A4** バイク

Q5 赤い顔して大きな水でっぽうを持っているものなあに?　**A5** 消防自動車

Q6 物をあげるための車なのに、何もくれない車はなあに?　**A6** クレーン車

Q7 前と後ろには進まなくて、上と下に進むものなあに?　**A7** エレベーター

Q8 トラが9匹いる車はなあに?　**A8** トラック

❷ からだ編

Q1 減っても減ってもグーと鳴るだけで
なくならないものなあに?

A1 おなか

Q2 怒るとふくれて、おいしいと落ちるもの
なあに?

A2 ほっぺた

Q3 眠くなると出るおおきな首はなあに?

A3 あくび

Q4 こぶはこぶでも痛くないこぶはなあに?

A4 ちからこぶ

Q5 朝目がさめて鏡を見るとよくわかる
くせなあに?　**A5** ねぐせ

Q6 目をつむってみるとよく見れて、
開けているとき見れないものは
なあに?　**A6** 夢

Q7 切っても切っても血のでない指は?

A7 指きり

Q8 お父さん、お母さん、お兄さん、
お姉さん、赤ちゃんの5人家族なあに?

A8 指(手)

Q9 ぶたはぶたでも顔についている
ぶたってなあに?　**A9** まぶた

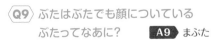

Q10 切られても切られても痛くなくて
いっぱい生えてくるものなあに?

A10 髪の毛(爪)

3　園のもの編

Q1　ウシはウシでも頭に乗せるウシは?　**A1**　帽子

Q2　せっかくためたのに捨てられてしまう
　　　ものなあに?　　　　**A2**　ゴミ

Q3　木を削ると黒い顔を出すものなあに?
　　　　　　　　　　　　A3　えんぴつ

Q4　トリはトリでも飛べなくてほうきと仲よしの
　　　トリは?　　　　**A4**　ちりとり

Q5　4本足でみんなのおしりが
　　　大好きなものなあに?
　　　　　　　　　　　　A5　イス

Q6　白い歯と黒い歯を持っていて
　　　きれいな音を出すものなあに?
　　　　　　　　　　　　A6　ピアノ

Q7　ちょうはちょうでも幼稚園(保育園)でいちばん
　　　えらいちょうはだあれ?　**A7**　園長先生

Q8　自分のものなのに、みんなが使うもの
　　　なあに?　　　　**A8**　名前

Q9　脱ぐことはできるけど、着れないもの
　　　なあに?　　　　**A9**　靴

Q10　よごせばよごすほど顔が白くなるもの
　　　なあに?　　　**A10**　黒板

4 動物編

ぴょーん
ぴょーん

Q1 木登りじょうず、お顔とおしりが赤いのだあれ？　**A1** サル

Q2 首のながーい動物だあれ？　**A2** キリン

Q3 かぜをひいていなくても、ながーい鼻を垂らしている動物はだあれ？　**A3** ぞう

Q4 カンはカンでもぴょんぴょん飛び跳ねるカンってなあに？　**A4** カンガルー

Q5 かぜをひいていないのにコンコン鳴くのはだあれ？　**A5** キツネ

Q6 さいころの中に入っている動物だあれ？　**A6** サイ

Q7 かみはかみでもとっても恐いかみはなあに？　**A7** オオカミ

そば

Q8 イスはイスでも空を飛ぶいすはなあに？　**A8** うぐいす

Q9 おそばやさんで人気のある動物はだれとだれでしょう？　**A9** たぬきときつね

Q10 ウシでもないのに頭に角があり家を背負って歩くものなあに？　**A10** かたつむり

89

⑤ 食べ物編

Q1 ホシはホシでも食べられる
すっぱいホシは？
　　　A1 梅干し

Q2 パパが嫌いな果物なあに？
　　　A2 パパイヤ

Q3 あるのにないという果物は？　**A3** ナシ

Q4 1つでもご（5）という赤くておいしい果物なあに？　**A4** いちご

Q5 「ステキ」といわれるお肉
ってなあに？
　　　A5 ステーキ

Q6 黄色い歯がたくさん。
歯並びのよいわたしは
だあれ？
　　　A6 とうもろこし

Q7 かんはかんでもくだものやさんに
あるかんは？　**A7** みかん

Q8 壊さないと食べられないもの
なあに？　**A8** たまご

Q9 キツネとブタが仲よく
海に取りに行ったものは？
　　　A9 コンブ

Q10 ちゃわんの中に住んでいる
おいしいむしは？
　　　A10 ちゃわんむし

⑥ いろいろ編

Q1 トラはトラでも楽しく遊べるトラは
なあに？　**A1** トランプ

Q2 なんでもかんでもそっくりまねする
ガラスはなあに？　**A2** かがみ

Q3 たたいているのに喜ばれるものなあに？　**A3** かたたたき

Q4 もちはもちでも痛くて食べられないもちなあに？　**A4** しりもち

Q5 手紙が大好きで雨の日も晴れの日も赤い顔で立っているものなあに？

A5 ポスト

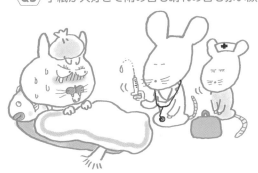

Q6 走っても走っても絶対
離れないでついてくる
ものなあに？

A6 かげ

Q7 とってもとっても
減らないものなあに？

A7 写真

Q8 ちゅうはちゅうでも病気の
ときにするちゅうは？

A8 注射

Q9 かいはかいでもお店に行く
かいは？　**A9** おかいもの

Q10 遠くにあっても、近いという
店なあに？　**A10** そばや

型 紙

型紙ページの使い方

★この型紙はすべて400%の拡大コピーをして使うとちょうどよい大きさになります。

★使用場面やお持ちのパネルに合わせて、拡大・縮小してお使いください。

★まず、全体を原寸大でコピーして必要な絵人形(1〜2つ)を選んで切り分けそれから400%に拡大すると無駄なく拡大できます。

★パネルシアター用の絵人形で、厚口の指示があるものは厚口のPペーパーを使用するとよいですが、並口でも作れます。

★点線(- - - - -)は、絵人形製作の最後で余白を切り取る線です。

P.8 うたって入園おめでとう

はり合わせる

⬆ 赤いチューリップ／ぞうさん

はり合わせる

はり合わせる

チーズ／裏 ネズミ

ニンジン／裏 ウサギ

はり合わせる

アゲ／裏 キツネ

バナナ／裏 ゴリラ

P.16 しゅうくんとかいちゃんの
おつぎはなあに？

はり合わせる

はり合わせる

かいちゃん　しゅうくん

はり合わせる

表

↑ 裏のクリスマスツリーの空と同じ色を塗る

↑ 裏

P.24 どうぶつむらの ひろば

ブタの親子

タイトルアーチ

ネズミの親子

ヒツジの親子

カラスの
親子

ネコの
親子

イヌの親子

アヒルの親子

キツネの親子

サルの親子

ウシの
親子

おたんじょうかいゆき

なかよしえん
まえ

→
おたんじょう
バス
小は 120%拡大
中は 200%拡大

お た ん じ
ょ う び お
め で と う

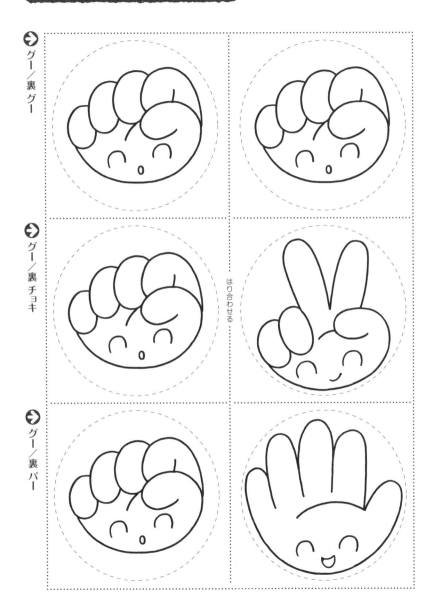

グー／裏 グー

グー／裏 チョキ

グー／裏 パー

はり合わせる

P.36 かわいいケーキでおめでとう?

↓表

↑裏

100

(1)タイトル

(2)お日様

(3)雲さん

(4)風さん

(5)壁さん

(6)めでたし、めでたし

裏に和紙や千代紙をはる

おしまい

のりしろ

↑
トイレットペーパーの芯など
筒状のものにはる

P.52 こぶたぬきつねこ

↑ コブタ（ブータ）

↑ タヌキ（ポンコ）

↑ キツネ（ツネオ）

↑ ネコ（ミーコ）

集会 成功のコツ④

保育者の参加の仕方編

〈 司会者に使命されたら ハイ・ニコ・ポンで参加 〉

「○○先生と○○先生お願いします」司会者から、ゲームの参加などで指名を受けたら、ハイと明るく返事をして、ニコッと笑みを浮かべて、ポンと立ち上がります。「えー、なんで私なの」などと言って、テレながら出ても好感は持たれません。『待ってました』と、明るく積極的に参加して子どもたちの期待にこたえましょう。

〈 集会は子どもたちを 観察するよい機会 〉

保育者が子どもと同じようにステージに向かって、楽しんでいる姿をよく見かけますが、集会は子どもたちを観察するよい機会です。どの位置に座っても、子どもひとりひとりの参加のしかたを観察できるような体制を取りましょう。

すると、トイレに行きたそうな子や体調の悪そうな子、ふざけている子もみんな視界に入ります。